Bettina Hartmann

BONN

Kinder entdecken eine Stadt

Verlag J. P. Bachem in Köln

CIP-Kurztitelaufnahme der Deutschen Bibliothek
Hartmann, Bettina:
Bonn: Kinder entdecken e. Stadt/
Bettina Hartmann. – 1. Aufl. – Köln: Bachem, 1987
ISBN 3-7616-0896-9

Erste Auflage 1987
© J. P. Bachem Verlag, Köln 1987
Satz und Druck: J. P. Bachem, Köln
Printed in Germany
ISBN 3-7616-0896-9

Habt Ihr Lust mit mir zu kommen?
Ich möchte mit Euch einen Ausflug
in die Bonner Vergangenheit machen.
Wißt Ihr, daß Bonn schon 2000 Jahre
alt ist?
Ihr werdet staunen, was alles
geschieht, bis aus Bonn eine richtige
Stadt wird. Es gibt
eine Menge zu ent-
decken! Kommt, ich
begleite Euch...

Vor über 2000 Jahren will der römische Feldherr Julius Cäsar sein großes Römerreich bis zum Rhein ausdehnen und dort alle germanischen Gebiete erobern. Seine Soldaten erbauen entlang des Rheines viele Festungen. Diese sichern die Grenze seines Reiches. Dort halten sich die Legionäre, das sind die römischen Soldaten, bereit, um die Germanen anzugreifen. Mit der Ankunft der Römer am Rhein, die sich hier für fast ein halbes Jahrtausend aufhalten, beginnt die Geschichte der Stadt Bonn.
In der Rheinebene erbauen die Römer eine Festung, die sie „castra Bonnensia" nennen. Sie liegt wie auf einer Insel zwischen dem Rhein und dem Rheinarm „Gumme". Mitten durch die Festung führt eine römische Handelsstraße, an deren Verlauf auch andere kleine Siedlungen liegen. Zur Festung gehört auch ein Hafen. Dort legen Schiffe an, die die Römer mit den wichtigsten Lebensmitteln versorgen. Die vielen gut ausgebauten Straßen und Wasserwege ermöglichen es den Römern, einen lebhaften Handel zu betreiben. Aber immer wieder werden die Römer von den kriegerischen Germanen angegriffen. Die Germanen wollen das Land, auf dem sie leben, nicht hergeben. Mehrmals zerstören sie die Bonner Legionsfestung, die die Römer aber wieder aufbauen. Es fällt den Römern schwer, ihre Eroberungspläne aufzugeben.
Vor 1600 Jahren vertreiben schließlich die großen Frankenstämme, die sich aus den Germanen bilden, die Römer aus ihrer Festung.
Doch jetzt zeige ich Euch erst einmal, wie die Römer in ihrer Festung leben.

Das Römerlager „castra Bonnensia" ist wirklich gut gelegen. Es ist ziemlich groß und quadratisch. Es hat vier Tore, eins in jede Himmelsrichtung, so daß man die Umgebung gut überschaut.

Am Rhein vorne sitzt übrigens Tacitus, der berühmte Geschichtsschreiber, der als erster über Bonn berichtet.
Ich dagegen komme gerade mit den Römern aus der Eifel, wo wir Bären gejagt haben. Ich glaube, das machen sie lieber als immer nur in Schlachten zu kämpfen! Habt Ihr schon gesehen, daß sie aus den Bärenfellen dann später Kleidung machen?

Schauen wir uns an, was aus dem Lager „castra Bonnensia" 600 Jahre später wird, nachdem die Franken die Römer vertrieben haben.
Die Franken nennen die alte Römerfestung die „Bonnburg". Es gibt eine Kirche und einen Markt dort, aber so richtig bewohnt ist die „Bonnburg" nicht mehr. Die Franken fühlen sich nicht sicher und wohl in ihr.
Viel lieber wohnen sie in der befestigten Siedlung weiter südlich.
Ihre Enstehungsgeschichte hängt mit den Märtyrern Cassius und Florentius zusammen. Von denen habt Ihr doch sicher schon gehört? Das sind die Schutzpatrone der Stadt Bonn!
Sie waren Legionäre und wurden getötet, weil sie nicht die römischen Götter verehrten. Sie ließen sich nämlich taufen und wurden Christen.
Über ihren Gräbern wurde eine Kirche errichtet. Rund um diese Kirche entsteht die Stiftsstadt Bonn, die eine ganz neue Form des Zusammenlebens ist. Die Menschen in der Stiftsstadt bilden eine Gemeinschaft durch ihre einheitliche Religion, das Christentum, das sich stark verbreitet. Daher seht Ihr auch so viele Kirchen! Die Erzbischöfe von Köln sind hohe kirchliche Personen und die Vorsteher der Stadt Bonn. Der König, der große weltliche Herrscher, hat ihnen diese Aufgabe gegeben.
In der Stiftsstadt wohnen auch Handwerker und Bauern, die für die Kirche und deren Angehörige arbeiten.
Vor den Mauern der Stiftsstadt seht Ihr einige Häuser liegen. Dort entsteht gerade ein kleines Dorf mit Kaufleuten, Handwerkern und Händlern. Paßt mal auf, gleich werdet Ihr erleben, wie daraus der Bonner Markt und die Marktsiedlung wird!

Zur Zeit der Franken wohnen in der Bonner Umgebung auch einige reiche Grundherren, die dazu beitragen, daß die Stiftsstadt immer größer und schöner wird. Sie besitzen viel Land und unterstützen die Kirche mit vielen Geschenken.
Einer dieser Grundherren läßt sogar eine ganze Kirche erbauen, die er auch noch mit goldenem Gerät ausstattet.

Ist es nicht erstaunlich, daß Bonn jetzt schon wie eine Stadt aussieht? Neben der Stiftsstadt ist ein großes Marktdorf erwachsen, als sich dort immer mehr Handwerker und Händler ansiedelten.
Vor etwa 750 Jahren befiehlt nun der Kölner Erzbischof Konrad von Hochstaden die beiden zusammengewachsenen Dörfer zu ummauern. Darüber sind die Bonner sehr glücklich, denn die Mauer wird sie in den kriegerischen Zeiten vor den Feinden schützen. Eifrig bauen sie Mauern und Gräben, die die ganze Stadt umgeben. Immer mehr Menschen zieht es in die Stadt Bonn, in der sie sicherer und freier leben als auf dem Lande. Dadurch erblüht das städtische Leben. Die Münsterkirche und Klöster werden gebaut. Aus der Römerfestung ist ein Kloster geworden. Stellt Euch vor, das Stadtleben verläuft nach strengen Regeln. Die Stadtherren von Bonn sind die Erzbischöfe von Köln, die neben dem König viel Macht und Reichtum besitzen. Ein Rat, der sich aus Bonner Bürgern bildet, vertritt die Interessen der Stadt gegenüber dem Erzbischof. Die Bonner sind dem Erzbischof sehr untergeben, und aus Dankbarkeit für ihre Treue belohnt er sie mit Zollfreiheiten.

Habt Ihr schon einmal einen Gerichtshof unter freiem Himmel gesehen? Dreimal im Jahr treffen sich die Bonner auf dem freien Platz vor dem Münster und halten dort eine Gerichtsversammlung ab. Heute ist ein Dieb an die Prangersäule gekettet. Vom Erzbischof wird er zur Rede gestellt, während die anderen ihn verspotten und beschimpfen wegen seiner schlimmen Taten. Der Arme tut mir leid, obwohl er sicher zu Recht bestraft wird!

Entdeckt Ihr das kleine Löwen-Denkmal, das noch von den Römern stammt? Im Laufe der Zeit wird daraus das Bonner Wahrzeichen, der Löwe.

Der schöne, fast dreieckige Marktplatz gefällt mir besonders gut, Euch nicht auch?
In den Häusern rundherum wohnen die Kaufleute. Der Grund und Boden, auf dem der Markt stattfindet, gehört wie so vieles dem Erzbischof! Sogar die festen Stände, Tische und Bänke, auf denen die vielfältigen Waren aus liegen, gehören ihm! Für deren Benutzung müssen die Händler ein Pfenniggeld bezahlen. Der Meier, ein Verwalter des Erzbischofs, ist beauftragt, das Geld einzusammeln. Habt Ihr schon die kleine Brücke bemerkt? Sie führt über den alten Graben der Stiftsstadt zum Markt hin.

Ihr werdet Euch sicherlich fragen, warum aus der blühenden mittelalterlichen Handwerker- und Handelsstadt Bonn ein Festungswerk mit dicken Mauern und tiefen Wassergräben geworden ist.
Mittlerweile ist Bonn die Hauptstadt des Kurstaates Köln und die Residenzstadt der Erzbischöfe. Die Erzbischöfe, die auch Kurfürsten sind, haben viel Macht und Einfluß und dürfen sogar den König wählen. Doch überall im Land herrscht Unruhe. Die Menschen sind unzufrieden über die bestehenden religiösen und politischen Zustände. Ein Religionskampf, der Kölnische Krieg, bricht aus, und Bonn wird geplündert und beschossen. Viel müssen die Bonner auch im Dreißigjährigen Krieg leiden, als sich Soldaten in Bonn einquartieren. Zum Schutz gegen die Feinde bauen die Bonner die Befestigungswerke, die, wie Ihr bald noch sehen könnt, weiteren Belagerungen standhalten müssen.

Den Bau der mächtigen Befestigungswerke leitet Vauban, der beste französische Ingenieur. Ihr müßt wissen, daß französische Truppen zwischenzeitlich die kurkölnischen Lande erreicht haben. Der Kurfürst Egon von Fürstenberg ist mit ihnen verbündet. Er unterstützt ihren Plan, die niederländischen Provinzen zu überfallen. Deshalb stellt er ihnen die Festung Bonn als wichtigen Stützpunkt zur Verfügung. Daß dies keine gute Idee von ihm ist, werdet Ihr gleich noch miterleben ...

Zur gleichen Zeit gibt es ein ganz besonderes Fährschiff auf dem Rhein. Es heißt die „Fliegende Brücke", und es bewegt sich nur mit Hilfe eines Seils und der Wasserströmung zwischen dem Bonner und dem Beueler Ufer. Den Landleuten ermöglicht es, ihre Waren auf den Bonner Markt zu bringen.

Das größte Unglück für Bonn ereignet sich vor 300 Jahren. Drei Tage lang bombardieren kaiserliche Truppen die Stadt Bonn, in der sich die Franzosen verschanzen. Bonn wird von ihnen befreit, und die Festung bleibt erhalten. Jedoch sind fast alle mittelalterlichen Häuser zerstört, die Kirchen und vieles mehr sind stark beschädigt.

Nach den schrecklichen Kriegsereignissen der letzten Jahrhunderte sind die Bonner froh, daß eine neue Epoche beginnt: das Jahrhundert des Friedens. Die wichtigsten Persönlichkeiten dieser Zeit sind die Kurfürsten Joseph Clemens und Clemens August.
Die beiden verwandeln das Gesicht der Residenzstadt mit Hilfe von zahlreichen italienischen und französischen Baumeistern. Die alten Festungsmauern lassen sie nach und nach abreißen, so daß daß sich die Stadt ausdehnen kann. Prächtige Schlösser, großzügige Gartenanlagen und breite Alleen entstehen. Alle Häuser, die die Beschießung überstanden, werden verschönert. Am Hofe herrscht fortan eine sorglose, fröhliche Zeit. Die Bewohner Bonns finden reichlich Arbeit. Die Kaufleute haben viel zu tun, den Hof mit kostbaren Waren wie Stoffen, Geschirr und Möbeln zu versorgen. Viele andere sind kurfürstliche Beamte oder Hofbedienstete. Allen geht es recht gut. Kommt, wir schauen uns mal in der Residenzstadt um!

Es ist gar nicht so einfach, die Gondel über den Schloßweiher zu fahren, ohne die Schwäne aufzuscheuchen! Erinnert Ihr Euch, daß hier früher eine Wasserburg stand?
Der Kurfürst Joseph Clemens hat dann begonnen, die Wasserburg in ein Lustschloß umzubauen. Sein Nachfolger Clemens August, der da gerade mit der Hofdame in die Gondel steigt, hat den Umbau von „Clemensruhe" später vollendet. Im Inneren bewahrt er seine wertvolle Gemäldesammlung auf.

Sowohl Clemens August als auch sein Vorgänger Joseph Clemens wohnen in diesem prunkvollen Residenzschloß. Mit seinen weit ausladenden Seitenflügeln erstreckt es sich vom Rhein bis weit in die Stadt.
Im Schloßgarten bereiten die Hofbediensteten ein Fest vor, zu dem der Kurfürst viele Persönlichkeiten einlädt. Er liebt die Musik, den Tanz und das Theater sehr, und solche Feste sind an seinem Hofe keine Seltenheit.

Er hat sogar ein kleines, rundes Theater aus Holz errichten lassen, in dem die Musiker und Schauspieler auftreten. Sie proben noch eben, damit bei der Vorführung vor den Augen des verwöhnten Kurfürsten nichts schiefgeht. Ich bin auch da, habt Ihr mich erkannt?

Von den Privatgemächern des Kurfürsten im Residenzschloß hat man einen herrlichen Blick auf das Lustschloß Clemensruhe und den dahinterliegenden Kreuzberg mit seiner kleinen Kirche. Die drei Gebäude sind durch eine breit angelegte Allee miteinander verbunden und bilden eine Linie durch die Landschaft.

Diese Linie nennt man die barocke Achse, erklärt mir der Kurfürst. Toll finde ich, daß sich diese Linie in einem Wegenetz fortsetzt und viele kleine Jagdhäuser und Schlößchen im Kottenforst verbindet.

Das neue Rathaus am Markt ist auch fast fertiggestellt. Der Hofbaumeister Leveilly und Clemens August sind sehr stolz, vor allem auf die Kurkrone, die das Dach schmückt. Die Bonner hat es viel Geld gekostet. Jetzt müssen sie einige Räume erst einmal als Warenlager vermieten, um das noch fehlende Geländer der Freitreppe bezahlen zu können!

Sicherlich habt Ihr schon einmal was von dem Mann am Flügel gehört! Es ist der große Komponist Ludwig van Beethoven, der dort hinten in dem rosafarbenen Haus geboren wurde. Bereits mit 14 Jahren spielt er in der kurfürstlichen Hofkapelle. Als Kurfürst Max Franz seine Begabung entdeckt, schickt er ihn zur Ausbildung nach Wien. Und deshalb verläßt er Bonn schon mit 22 Jahren.

Vorbei ist die Zeit des Glanzes und der Feste am Hofe der Kurfürsten. Zwei Jahrzehnte gehört Bonn zum französischen Reich, bevor es eine der wohlhabendsten Städte des modernen Großstaates Preußen wird. Schnell entwickelt sich Bonn zu einer bedeutenden Universitätsstadt, in der sich viele Gelehrte, Studenten und wohlhabende Fremde aufhalten.

Im alten Residenzschloß der Kurfürsten haben die Preußen die Universität gegründet.
Mit den Studenten sitze ich im Schatten des Anatomiegebäudes. Wozu es dient, könnt Ihr leicht feststellen!

Die Studenten erzählen mir von den Burschenschaften. Das sind Vereine, in denen sie sich zusammenschließen. Als Zeichen ihrer Zugehörigkeit tragen sie die farbigen Bänder und Kopfbedeckungen. Ernst Moritz Arndt, der Rektor der Universität, ist auch gerade gekommen. Er wohnt unten am Rhein in dem hübschen rosa Haus.

Ratet, was ich jetzt enthülle!
Es ist ein Denkmal, das den Komponisten Beethoven darstellt. Zur Erinnerung an den Sohn Bonns wird es hier aufgestellt. Vor ein paar Tagen ist es mit dem Schiff auf dem Rhein angekommen. Die Bonner haben sich sehr gefreut und haben es auf einem schön geschmückten Wagen mit Fackeln durch die Straßen hierher begleitet.

Wir erreichen die Gegenwart. Die Buchseiten reichen nicht mehr aus, um Euch zu zeigen, wie groß die Bundeshauptstadt Bonn geworden ist! Aber das brauche ich Euch auch gar nicht zu zeigen, denn das gibt es alles noch, und Ihr könnt es Euch selber ansehen.

Auf dieser Seite seht Ihr noch einmal die bedeutendsten Bauten, die im Laufe der Zeit entstanden sind und die es heute noch gibt.

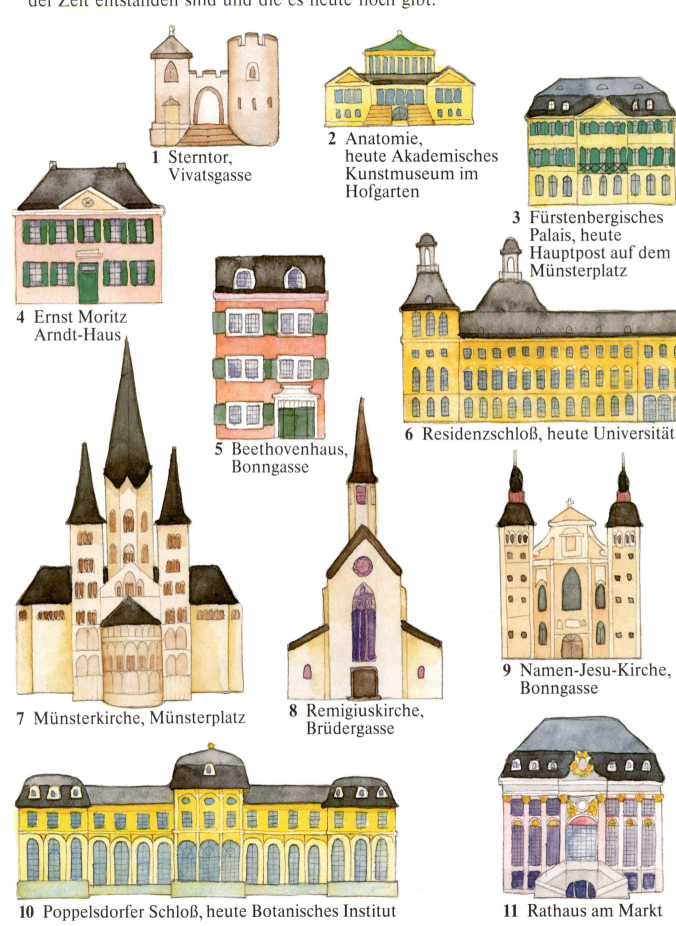

1 Sterntor, Vivatsgasse
2 Anatomie, heute Akademisches Kunstmuseum im Hofgarten
3 Fürstenbergisches Palais, heute Hauptpost auf dem Münsterplatz
4 Ernst Moritz Arndt-Haus
5 Beethovenhaus, Bonngasse
6 Residenzschloß, heute Universität
7 Münsterkirche, Münsterplatz
8 Remigiuskirche, Brüdergasse
9 Namen-Jesu-Kirche, Bonngasse
10 Poppelsdorfer Schloß, heute Botanisches Institut
11 Rathaus am Markt

Wir sind zurück von unserem Ausflug in die Bonner Vergangenheit. Mir hat es viel Spaß gemacht, Euch zu begleiten. Hoffentlich hat es auch Euch gefallen!
Ich glaube, Euch werden jetzt viele Dinge auffallen, wenn Ihr durch die Stadt geht. Vielleicht erinnert Ihr Euch dann an das eine oder andere Ereignis, das wir zusammen erlebt haben.